Musik der See

AF190841

MIT ALLEN SINNEN

Band 5

Klaus Leidecker

Musik der See

Gedichte

Bibliografische Information der Deutschen Bibliothek:
Die Deutsche Bibliothek verzeichnet diese Publikation in
der Deutschen Nationalbibliografie;
detaillierte bibliografische Daten sind im Internet über
http://dnb.ddb.de abrufbar.

Für Silke

3-8334-6915-3
978-3-8334-6915-2

Umschlagsfoto: Friedhelm Schneider
Layout und Umschlagsgestaltung: Daniel Heß
Herstellung und Verlag: Books on Demand GmbH,
Norderstedt 2006

Der vorliegende Band vereint Texte, die alle auf der Nordseeinsel Amrum entstanden sind.

Der Titel „Musik der See" soll deutlich werden lassen, dass vor allem das Hören auf die See, auf Wasser und Wind, wesentlichste Ausgangspunkte der folgenden Gedichte gewesen sind.

Das Hören – Horchen – Lauschen ist dabei so etwas wie ein Eintritt in einen Erfahrungsraum, der alle Sinne betrifft.

Vom vor allem sinnlich Erlebbaren der See, ihrer umwerfenden Vielfalt und Besonderheit, ihrer tief gründenden Klangwelten, eben der „Musik der See" soll in sieben Kapiteln erzählt werden.

Die gelegentlich vorkommenden „echten" Rhythmen laden dazu ein, den musikalischen Momenten eines Textes nachzuspüren.

Inhalt

Kapitel 3

Das Rauschen,
hinter dem Rauschen,

Ohren am Wasser
Musik der See
Der auflaufende Schaum
Silberklang
Verhaltenes Grollen
Dunkel
Das Meer hören
Gischt
Wellengesänge
Namenloses Rufen
Die See
Heute erzählt das Meer

Kapitel 4

Geh´n, geh´n, ohne zu geh´n
Wassermensch
Rücklaufendes Wasser
Barfuß
Füße
Tod
Eintauchen
Buhnenreste
Vögel? im Meer

Kapitel 1

Schwimmende Inseln auf Zeit

Fähren - oder -
Ein Kinderspiel

Windige Schalen
im Taumel zwischen Festland und Inseln

    vorwärts
    rückwärts
seitwärts
    ran

Selbst, schwimmende Inseln auf Zeit,
flattern sie sich voran

    vorwärts
    rückwärts
seitwärts
    ran

Aufgeblähte Bäuche
entleeren sich für den nächsten Gang

     vorwärts   vorwärts   vorwärts
     rückwärts   rückwärts   rückwärts
seitwärts   seitwärts   seitwärts
     ran   ran   ran

Annäherungen (wiegend)

Das Meer

und der Himmel

und der Strand

und die Dünen

und die Menschen

Die See

und die Möwen

und die Schiffer

und die Boote

und der Hafen

Auf der Fähre

Gleichmäßige
Motorengeräusche
versiegeln
die dunkle Oberfläche
der See
mit einem trügerischem Gefühl
von Sicherheit

Warften

Warften,
Puzzlespiel der Halligen, Heiligen,
heiligen Halligen
Maulwurfshügel des Meeres,
als
Zeugen des Untergangs,
Zeugen des Unter
Zeugen

Spitz,
Spitzen,
WeltSpitzen,
          trotzig gereckt
LasseninderNot
Mensch und Tier
Zusammenrücken
Zusammenrücken

Kapitel 2

Wellen, Geheimnisträger, lächeln wissend in sich hinein

Heiter gestimmt
läuft das Wasser zum Strande hin –
vom Segen der Sonne genährt.

Windsbräute biedern sich an,
locken und drängen,
ziehen das spiegelnde Nass
weiter ans Ufer.

Leicht und leise kräuseln sich die Wellen
Als Geheimnisträger
lächeln sie wissend in sich hinein

Wenn das Sonnenlicht
vom Himmel
auf das Wasser fällt,
verändert dieses sein ganzes Wesen

Golden, majestätisch, fast dickflüssig
zeigt es sein Erwähltsein
in abgeklärten, ja gemessenen
Wellenbewegungen

Wasseroberflächen
werden zu Netz und Spiegel
des Unaussprechlichen des Lebens

Aus dem Nichts aufblitzende Lichter
tanzen
flüsternd und lockend
über die Wellen hin,
schließlich
in unsere Seelen hinein,
um auch uns zu verwandeln

Im Angesicht der See

Oberflächenfische,
Kinder des Lichts,
gleiten,
sich selbst vergessend,
in die Ewigkeit

Gleissende Lichtbahnen,
mit schwarzen,
widerspenstigen
Schattenmenschen darin,
ölen sich zum Strande hin,
von Wellenreitern eskortiert,
mövenbeschützt

Die Oberfläche der See,
wie mit feinen Nadeln gestochen,
hängt leicht schlapp
unter einem unternehmungslustigen
Himmel

Kindskopf,
der,
läßt Wolken wie Drachen steigen
und schämt sich,
leicht errötend,
dafür

Zueinander

Wenn   sich   auslaufende
und   wieder   rücklaufende
 Wellen
  für   einen   Moment
  in   ihrem   Innersten   begegnen,
   tun   sie   es   heftig,
   dringen   ineinander
   und   werfen   sich dabei
   lauthals
   in   die   Lüfte
  Sie besänftigen sich aber rasch
 und   finden
 in   der   Tiefe   des   Meeres
 schließlich   zueinander

silbern

Wenn   die   kleinen   Luftbläschen
sich vom aufgelaufenen Wasser – silbern lächelnd –
mehr   und   mehr   lösen,
wächst   etwas   Nährendes
in   uns   an   –
als   ob   dies   auch
zu   unserem   Wohle   geschähe   –
wenn   die   kleinen   Luftbläschen
sich   vom   aufgelaufenen   Wasser
mehr   und   mehr   lösen…

Wellen von fern

Gähnende Ungeheuer
      schleichen sich näher
          umgarnen dich
             rauben dir den VerStand

und ziehen sich grinsend zurück

Wellenrücken

Seeungeheuer
   in Truppenstärke
      mit schäumenden Eskorten
        gleiten
           sich gegenseitig überholend
           zum Strand
             verlieren sich dort
             und bluten
             aus

Ebbe und Flut 1

Wahrzeichen von Unendlichkeit
Das Eine zieht das Andere
in sich hinein

Ein Liebesverhältnis besonderer Art:
Sehnsucht
nach wachsender Fülle,
die in der Leere aufgehen möchte

Wandel ohne Gnade

Ebbe und Flut
Ebbe und Flu
Ebbe und Fl
Ebbe und F
Ebbe und
Ebbe un
Ebbe u
Ebbe
bbe u
be un
e und
und F
nd Fl
d Flu
Flut
Fluuut
Fluuuuut
Fluuuuuuut
Fluuuuuuuuut
Fluuuuuuuuuuut
Fluuuuuuuuuuuut
Fluuuuuuuuuuuuuut
Fluuuuuuuuuuuuuuut
Fluuuuuuuuuuuuuuuuut
Fluuuuuuuuuuuuuuuuuuut

Wasserhäute,
von starken Sonnen
silberblau gegerbt,
bäumen sich stöhnend auf

Von blanken Schiffsschrauben
im Intimbereich verletzt,
wehren sie sich,
hellaufleuchtend,
weisen die sengenden Strahlen
energisch zurück

Manchmal
tut es auch weh,
Dich,
See,
in mich hineinzulassen,
und,
Dich fühlend,
mit Bildern zu antworten,
Bildern
des in Besitz genommen werdens,
Bildern der Fülle,
der Kraft und Macht,
Dir zu folgen,
wenn Du
mit den Sandkörnern,
den Halt suchenden Pflanzen,
den Schätzen des Meeres,
Dein wildes Spiel treibst,
… und mit mir

Beobachter sein und doch ...

Wasserwucht
durchspült   *mich,*
nimmt   *meine*
Seele mit hinein
in die
gründelnde See

Die Wahrhaftigkeit
des Wassers
bearbeitet   *mich,*
auch   *dich,*
lockt und lockert   *unser*
Unbewußtes,

klärt und spendet neue Kraft

Von der See durchspült,
innerlich emporgehoben
und wieder hinunter geschleudert

Gereinigt, sortiert,
die Kanäle aufgefüllt,
von blinzelnder Wintersonne gestreichelt

Kapitel 3

Das Rauschen, hinter dem Rauschen, hinter dem Rauschen

Ohren am Wasser

Flüssiger Frieden,
von Sonnenlicht besiegelt
Helle Glöckchen tanzen in quirligen Reigen
und klingen zerfließend
ineinander

Seidige Wellenschläge
überrunden sich in Gelassenheit,
erzählen leis´ und leiser
und immer wieder in neuen Farben
... von der Leichtigkeit,
... von immer neuen Anfängen,
vom Gelingen

Das Rauschen und Raunen der See
spült sich durch alle Sinne,
wechselt sein Gewand dabei,
wird zum Wälderrauschen,
zum vorüberrauschenden Zug,
zum Ur-Rausch

Beim Rückzug der Wanderer,
werden die Stimmen des Meeres dunkler,
doch behalten sie ihre Kraft

Musik der See

...silbrige Klangfäden laufen emsig zum Strand

Die See schüttelt ihre lange Mähne
und lässt Perlen abtropfen,
wie Klangglocken

Höchste und hellste Töne,
mehr zu vermuten als wahrzunehmen,
durchwirken sich und zerfallen

Dünne Wellenplatten überlappen sich tonlos,
türmen sich auf
und gehen ineinander ein

Hellste Gischt läuft in allen Klangfarben heran
und verklingt wieder
Verhaltenes Grollen, aus der Tiefe,
verdichtet sich
und klumpt sich zu Clustern auf

Weit draußen
brodelt es,
fast unhörbar,
doch kündigt es spürbar sein Kommen an:

Das Rauschen,
hinter dem Rauschen,
hinter dem Rauschen …
Metallisch,
silbrig,
samtig, - auch schmerzhaft
Wieder tonlos
Zuletzt ein befreites Ausatmen

Dort Zweierwellen, wie Liebespaare,
turteln sich zum Strande hin

Ein vielstimmiges Seufzen aus tausend Kehlen
bestäubt alles

Und ganz hinten,
wo sich Himmel und Wasser berühren,
hebt ein Singen an …

Der auflaufende Schaum
drängt sich entschlossen
in den Tang hinein
und entläßt beim Gehen
unzählige, zerplatzende Bläschen
in das Konzert der See …

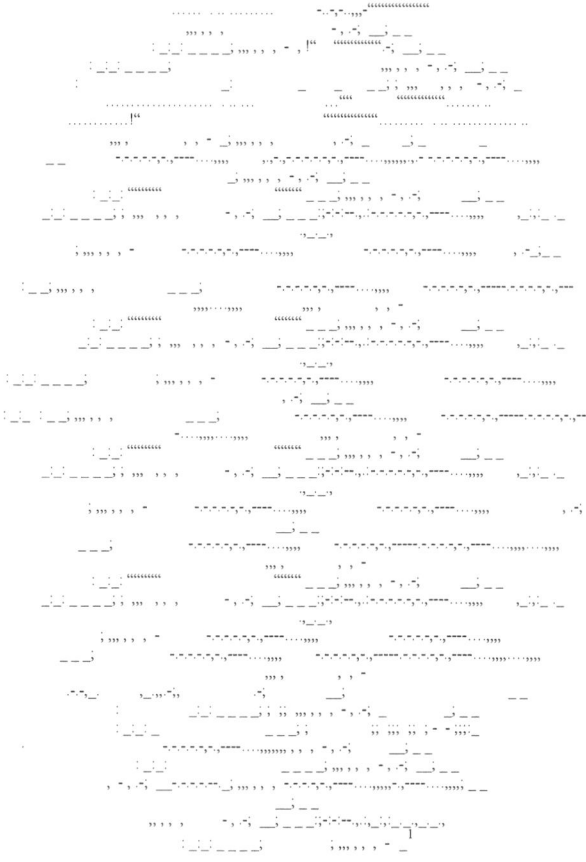

---

[1] Realisierung : D. HEß

Silberklang –
Musik des fernen Meeres,
gut dem Wind übergeben,
             weht an unser Ohr

Verhaltenes Grollennnnn
käut sich wieder,
sprunghaft – - : -.
und doch
mit sanfter Gebärde

Zerfetztes Ineinander,
fliessSssend vereint

Die aufkommende Flut,
in wachsender Nähe zu Gehör-Muscheln,
nimmt die Lauschenden
in sich heim

Dunkel

Dumpfes, verhaltenes Tosen, von fern
Gewittergrollen, mit heller Spitze,
aufsteigend aus boshafter Tiefe,
gebremst,
bedrohlich

Sich zer ...wassernd,
zer ...fleischend,
zer ...fließend
mal heller auffrischend ... und
doch wieder vom Dunkel eingeholt

Niemandsklänge
Gesammelt-verklebte Ur-Schreie
aus aufsteigenden Blasen,
lockend und abstoßend zugleich,
die Hörsinne überflutend, überfordernd,
miteinander verwoben
im nächtlichen Tanz

Das Meer hören –
Kleines Meeresvokabular

Heranrollen
Sich vermischen
Übersprudeln
Räuspern kriseln und knispern
Überschäumen und Nachkleckern
Tropfen, plätschern und stürzen
Aufflammen und flackern
Sich verdreh´n und weiterrauschen
Lächeln und lachen
Stolpern, zerbröseln … und …
aus -
lau -
fen

Gischt

Gischt

GischtG

Gischt Gischt Gischt
Gischt Gischt Gischt Gischt Gischt
Gischt Gischt Gischt Gischt Gischt G

Gischt Gischt Gischt

Gischt G

Gischt Gischt Gischt

Gi

Gischt Gi

Gischt

Gischt G

Gisch

Gischt

Gischt

Gischt Gischt Gischt
Gischt Gischt Gischt

Gischt Gischt Gischt

Gischt Gischt Gischt Gischt Gischt Gi

Gischt Gischt Gischt

Gischt Gischt Gi

Gischt Gischt Gischt Gischt Gischt

Gischt G

Gischt Gis

Gischt Gischt G

Gischt G

Gischt Gischt Gischt
Gischt Gisch

Gisch

Gi

Wellengesänge

rieselnrollenstürzenflimmern
nachtröpfelnaufschäumen
glucksengluckern
zerberstenflutengleissen
zumlebenerwecken
ineinanderschmelzenzerplatzen
ausklingen
übersprudelnheranrollen
ziehen
lautlosanpirschen
neuekräftesammeln
auftauchenausdertiefe
rufentönenlautlosverglimmen
dazwischenrufen
fernesgleitenhochspringen
verschlucktwerdensicheinholen

Namenloses Rufen
flutet in meinen Ohren
See
Seele
Seelenruf

Gähnen aus verletzter Tiefe

Die See

Kontaktbörse
der Ewigkeit
zwischen
Mensch und Natur,
im Innenraum
des Urklangs
gegründet

Heute erzählt das Meer ...

      von der Ewigkeit
         in Klängen, fremd und vertraut

Morgen erzählt das Meer

      von der Sehnsucht
         in Klängen, entfernt und nah

Gestern erzählte das Meer

      von der Hingabe
         in Klängen, nicht von dieser Welt

Manchmal erzählt das Meer

      von der Dunkelheit
         in Klängen, trüb und verwischt

Ständig erzählt das Meer :

      das Leben sei ein Tanz
         in vielfarbigen Klängen,
            kühn und verwegen

Kapitel 4

Geh´n, geh´n, ohne zu geh´n

Geh´n, geh´n, ohne zu geh´n,
geh´n, einfach weitergeh´n

Seh´n. seh´n, ohne zu seh´n,
seh´n, einfach weiterseh´n

Geh´n, geh´n, ohne zu geh´n,
geh´n, einfach weitergeh´n

Seh´n. seh´n, ohne zu seh´n,
seh´n, einfach weiterseh´n

Geh´n, geh´n, ohne zu geh´n,
geh´n, einfach weitergeh´n

Seh´n. seh´n, ohne zu seh´n,
seh´n, einfach weiterseh´n

Geh´n, geh´n, ohne zu geh´n,
geh´n, einfach weitergeh´n

Seh´n. seh´n, ohne zu seh´n,
seh´n, einfach weiterseh´n

Geh´n, geh´n, ohne zu geh´n,
geh´n, einfach weitergeh´n

Seh´n. seh´n, ohne zu seh´n,
seh´n, einfach weiterseh´n

Geh´n, geh´n, ohne zu geh´n,
geh´n, einfach weitergeh´n

Seh´n. seh´n, ohne zu seh´n,
seh´n, einfach weiterseh´n

Geh´n, geh´n, ohne zu geh´n,
geh´n, einfach weitergeh´n

Seh´n. seh´n, ohne zu seh´n,
seh´n, einfach weiterseh´n

Wassermensch

Erst unmerklich lockend,
umspielt *sie* zärtlich seine Zehen, Füße,
klettert
in unbeobachteten Momenten
vielbeinig Schenkel hoch,
um den Wasserwanderer schließlich
ganz und gar
für sich einzunehmen,
seine Seele zu gewinnen,
Ihn
an seine Wassernatur zu erinnern,
erinnern, erinnern, die See

Rücklaufendes Wasser

Wenn das Wasser sich wieder und wieder zurückzieht,
verlieren   Füße   ihren   Halt
Taumelnd
spürt   der   Wanderer,
wie   wenig   das   Leben   gründet,
wie   schnell   es   zurückgenommen   wird,
einfach   so   …

Barfuß

Barfuß am Strand,
die Ewigkeit im Ohr
Möwengelächter

Barfuß am Strand,
die Ewigkeit im Ohr
Der Himmel reißt auf

Barfuß am Strand,
die Ewigkeit im Ohr
Die Flut kommt

Füße

Tastende Füße am Strand
suchen den Übergang
zwischen Wasser und Land

Lassen sich umspülen
Heimat fühlen?
Tastende Füße am Strand

Tod

Muscheln
ducken sich in den Sand
oder werden von Wanderern krachend zertreten

Ein Kaninchen
am Strand,
zittert sich in Agonie
Die erste Flut noch überstehend,
erwartet es ergeben die Zweite

Die Möwe,
auf dem Rücken liegend,
reckt ihren starren Leib dem Himmel entgegen

Das Meer taumelt zurück und fröstelt
Echos werfen Dunkles zurück

Eintauchen ins Wäldchen
Wonnig weicher Wald
Tannenhaut,
die die unsre umhüllt
Hier,
ein andrer Klang,
durchlässig,
für innere Ohren bestimmt
Das Meer ruft,
lautlos,
ruft Dich und Mich,
im vorgehaltenen Seelenraum
Tannenhaut, mehr Tannenhaut, mehr

Buhnenreste
tragen Tangpullover,
engmaschig,
von Ebbe und Flut gestrickt,
der älteste Schrei der Geschichte

Vögel? im Meer

Radeln
durchs Halliggefieder:
grün
eben
eben grün

Zerzaust
luftig
salzig
weit

Gegen den Wind segeln,
immer

Die Weite einsaugen
die Stille
den Wind

Wind gewähren lassen

Alle Federn
auf ihn hin ausrichten

Grün – weit – still

Grün – weit – still

Grün – weit – still

Kapitel 5

Sandstrandflächen spiegeln den Himmel herab

Schemenhaft

Wasser,
wie gerade flüssig gewordenes Glas,
rollt sich,
matt schimmernd,
dickflüssig,
ölig,
am Strand aus

Helle Schaumkronen
adeln
zerfließend
noch die Erde

Zerschlagene Muschelkörper
künden
von der Konsequenz
des Lebens

Hauchdünn benetzte,
feinste Sandstrandflächen
spiegeln den Himmel herab

Schemenhaft

Sandbewegungen

Helle, kriselnde Geräuschbänder,
an der Grenze des Unhörbaren
Sand-Musik, keiner Richtung zugehörig,
wie sie nur die Stimme der Natur hervorbringt
Sand, Sand, Sand –
Glockenläuten des Strandes
Feinste und hellste Körner
reisen auf den starken Armen des Windes,
fegen durch die Wanderer hindurch,
überholen sie lachend,
stupsen sie tausendfach
und sind davon,
ohne Antworten abzuwarten :
Quirlig, rauh, tänzerisch, stetig …
reisen sie rastlos weiter,
von fernen Mächten gezogen,
scheinen sich
in einem noch unsichtbaren Knoten
in weiter Ferne
bündeln zu wollen
Sand, Samen der Unendlichkeit

Über den Dünen

Blick von hoch oben

Wenig Menschen, viel Natur
Sand als Meer – Sandmeer
Schwimmende Klangflächen erzählen:
von der Flüchtigkeit…
von der Weite …
von der Kostbarkeit …

Die Kraft des Strandes einatmen
und Gelassenheit ausatmen

Kleine Grasinseln, Windzipfel,
als Requisiten großen Naturtheaters spüren
Sehnsüchte als Passepartouts

Meer, Sandmeer,
Mehr Sandmeer
Noch mehr Sandmeer …

Fata Morgana?

Strandmenschen,
Schattengestalten,
flackern in verschiedenen Größen
unter tiefhängenden Wolken
auf sandigem Grund.

Metallisch
grüßt das Meer herüber …

Der weiße Sand
Gehender sein und bleiben
in alle Ewigkeit

(Haiku)

Launisch, die See heut´.
Schickt Sandstürme als Vortruppen,
die geißeln die Wanderer …

Allmählicher Blick nach oben

D
   i
 e
V
  ö
  g
 e
   l

und die
Wolken
und der
Horizont
und das
Meer
und die
Wellen
Der *Sand*

Wolken

Wolken,
Regungen unserer Seelen,
die zum Himmel quellen
Sehnsüchte,
in Wasserperlen gefaßt,
prägen Gestalten aus,
tupfen sie in den Himmel
Pinsel,
jedweder Art,
sinken hinein ins Blau
und hinterlassen,
sich zurückziehend,
Duftiges und Pralles,
Urgestalten des Lebens,
manchmal Niemandsland, Leere,
fahle Gesichter

*DerSturm*lehrt
unsdasRückwä
rtsgehndasWid
erstehnKindlic
hesStaunenvor
gewaltigemRa
unendenlangen
Atemmanchma
limWasserzuw
atenNaturzusp
ürenundWinds
bräutezukürend
enMeersandzu
kostenohnevor
herzuprostenda
sbesondeream
Winddemhim
mlischenKind.

Licht spiegelt sich
in der dünnen Wasserhaut,
die behutsam
über den abgelaufenen Strand gespannt ist,
wie in einem Spiegel

Die Sinne
werden mit hinausgezogen,
werden weiter, freier,
werden nackt, schutzlos

Fast lautlos zurückweichen

Kapitel 6

Gefiederte Buddhas im Auge der Zeit

Ruhende Wasservögel

Schwarze Flecken
auf flüssigem Grund

Schwimmende Statuen

Als gefiederte Buddhas,
im Auge der Zeit,
träumen sie
von der Erleuchtung
und
erfüllen sich schwimmend
in sich selbst

Schwarze Flecken
auf flüssigem Grund

Ausatmen

Wenn Seevögelschwärme
zur Landung ansetzen,
beschreiben sie zuerst
einen weichen Bogen
über ihrem auserwählten Landeplatz,
um das künftige Lager auszuspähen,
halten dabei ihren luftigen Abstand zueinander
auch in der Schräglage
auf geheimnisvolle Weise ein,
um sich so
gesichert
und im spürbaren Miteinander
in einem großen gemeinsamen Ausatmen
am Boden niederzulassen

Watt und dat
oder
Bilderbogen der See

Zarte Ölhäute, gerafft,
schirmen das Wasser ab,
schützen es vor sich selbst

Grasrondelle in seichten Gewässern,
gebärden sich als Eiland

Ein Strandhafervölkchen, zwei,
wispern hellst in Geheimsprachen –
erzählen wohl vom Widerstand
gegen herbe Seewinde
und geißeln sich selbst –
zum Mutmachen

Seevögel, mit irdenen Schnäbeln
ertragen ihr Echo nicht,
schieben ihr Rufen ineinander,
fast bis zum Ersticken

Unschlüssig der Himmel
Im Staccato öffnet er seine Schleusen,
um abrupt, so zwischendurch,
Sonnen-Schein vorzugaukeln …..
Inselgarn!

Nebelgrau
       Wassergrau
             Strandgrau - -

Möwen,
       verlässliche Zeugen,
             fliegen tief hinein

Möwen,
Gaukler der Lüfte –

                mit gierigem Blick

Möwen,
Gaukler der Lüfte –

                in rastlosem Rufen

Möwen,
Gaukler der Lüfte –

                himmelwärts

Vögel der Nacht

Vögel der Nacht
zelebrieren
einen verhaltenen Nachklang des Tags

Ein Fast-Nichts
geleitet hinüber in die Nacht,
klingt sich aus,
in seidige Schlafengehensklänge

Eine wispernde, allerletzte Zwiesprache
miteinander
Ein schnäbelndes, einander Versichern
in der Dunkelheit

Zur Poesie von Tafelinschriften

„Bei Ebbe
gründeln Brandgänse
auf den freifallenden Wattflächen
nach Wattschnecken und kleinen Muscheln."

(Inschrift auf einer Tafel
am Rande des Naturschutzgebietes
am Kliff Ual Aanj auf Amrum)

Kapitel 7

Heitere Heide

Heitere Heide (Sprechchor)

♩♩♩ ♩♩ ′	Heitere Heide ′
liebliche, rundliche,	weibliche Welt ′
Herrliches, würziges	duftendes Dickicht ′
vielfarbig schimmernd auf	Hügel ge- stellt ′
♩♩♩ ♩♩ ♪	♩♩♩ ♩. :‖

Heide riechen

Die wunderbare Würze
Einsaugen
Alles
In einem Atemzug
Hemmungslos
Ohne Pause
Die Lungen ganz füllen

Und diesen Augenblick genießen,
als wäre es
der Erste und
der Letzte und
der Gipfel der Ewigkeit

Handelnde oder
Abendgang in der Heide

… und
   der *Sonnenuntergang* malt sich aus

 … und
    das *Wasser* in der Ferne erzählt sich was

  … und
     die *Grillen* rufen dazwischen

   … und
      die *Wolken* schwimmen auf uns zu

    … und
       die *Nacht* kommt

Zum Autor :

Klaus Leidecker (Jg.53) ist promovierter Musikwissenschaftler, Diplom-Musiktherapeut und Musikpädagoge. Nach ersten Berufsjahren an der Hochschule für Musik des Saarlandes und dem Staatlichen Institut für Lehrer-fortbildung in Saarbrücken lehrt er seit 1986 als Professor für Musiktherapie / Musikpädagogik in der Sozialen Arbeit an der Hochschule Darmstadt.
Neben wissenschaftlichen Büchern und Schriften widmet er sich der Lyrik.

Jüngste Buchpublikationen:

2006 Zauberklänge der Phantasie. Musikalische Motive und gesungene Verse im europäischen Märchengut, 2. Auflage (Selbstverlag), Darmstadt

2006 Poetische Lebensspuren. Zu Idee und Praxis Intuitiven Schreibens, in: Mit allen Sinnen Bd. 4, BoD, Norderstedt.

2005 Der offene Himmel. Gedichte. Mit Tuschebildern von Gundula Schneidewind, in: Mit allen Sinnen, Bd. 3, BoD, Norderstedt.

2004 Herzneuland. Gedichte, in: Mit allen Sinnen, Bd. 2, BoD, Norderstedt.

2004 Das Leben klingen lassen. Musikintervention in der Sozialpädagogik, Verlag Die Blaue Eule, Essen.

2002 Musik als Begegnung. Schöpferisches Handeln zwischen Pädagogik und Therapie, Reichert-Verlag, Wiesbaden.

2001 Lieder und Klänge als Lebenserzählungen. Musiktherapie in der Altenarbeit, Strube-Verlag, München und Berlin.